Table of Content

1. Introduction / Dedication
2. Copyright
3. Story Begins
4. Ending credits

Biografia autorki: Marcy Schaaf. Marcy Schaaf to ceniona na całym świecie autorka książek dla dzieci, ceniona za wyjątkową umiejętność wnoszenia prawdziwych wydarzeń i aktualnych tematów do świata młodych czytelników. Od eksploracji przyszłości technologii – na przykład wykorzystania sztucznej inteligencji do planowania idealnych wakacji – po inspirujące historie o byciu osobą niebinarną, autyzmie i sztuce mapowania konwersacji – twórczość Marcy jest zarówno aktualna, jak i transformacyjna.

Marcy, prawdziwa obywatelka świata, podróżowała po całym świecie, czerpiąc inspirację z tętniącej życiem kultury Grenady, zapierającego dech w piersiach piękna Hawajów i ponadczasowego uroku Włoch, które obecnie nazywa domem. Jej prace poruszają czytelników z całego świata, a jej opowieści odzwierciedlają bogactwo tych różnorodnych doświadczeń.

Innowacyjny styl Marcy nie tylko zapewnił jej wierną rzeszę czytelników, ale także ugruntował jej pozycję jako pisarki, której misją jest angażowanie młodych umysłów w złożoność naszego świata. Jej umiejętność przedstawiania dzieciom takich tematów jak wpływ mediów społecznościowych i integracja społeczna, stała się dla nich przystępnym i ekscytującym doświadczeniem, dzięki czemu stała się powszechnie znana.

Dla swoich najbardziej oddanych czytelników Marcy przygotowała Klub Książki Miesiąca!

Oraz jej ekskluzywny Program TYLKO DLA CZŁONKÓW, który daje fanom dostęp do zupełnie nowych historii niedostępnych w sklepach, materiałów zza kulis oraz wglądu w jej proces twórczy. Członkowie mogą wybierać spośród 15 języków, otrzymywać comiesięczne dostawy książek i odblokowywać specjalne treści przeznaczone wyłącznie dla nich. Program obejmuje również wydarzenia tylko dla członków, dostępne na całym świecie na zaproszenie, oraz prywatną wiadomość od autorki w dniu urodzin.

Marcy Schaaf, która uwielbia opowiadać historie i z pasją pragnie inspirować kolejne pokolenia, nieustannie przekracza granice, wydając każdą niezapomnianą książkę.

Żegnaj,

Witamy na magicznych wyspach Hawajów, gdzie słońce muska ocean, a palmy kołyszą się na wietrze. W tej książce dołączysz do młodej Lani w czarującej podróży, by nauczyć się sztuki hula, tradycyjnego hawajskiego tańca, który opowiada piękne historie poprzez pełne gracji ruchy.

Hula to coś więcej niż tylko taniec; to sposób na dzielenie się miłością, szacunkiem i tętniącą życiem kulturą Hawajów. Z każdym krokiem i gestem tancerki hula ożywiają legendy, naturę i emocje. W książce „Naucz się hula z Lani" odkryjesz znaczenie każdego ruchu hula i nauczysz się tańczyć sercem.

A więc, przygotujcie się do tańca i rozpocznijcie naszą przygodę z Lani i jej mądrą babcią Tutu. Razem, krok po kroku, odkryjemy radość i ducha hula.

Aloha i baw się dobrze tańcząc!

**Copywrite @ Marcy Schaaf 2024
Learn the HULA with Lani**

Zapytała babcię: „Tutu, czy możesz mnie nauczyć tańca hula?"

"Of course, Lani!" Tutu said. "Hula tells beautiful stories."

„Oczywiście, Lani!" powiedziała Tutu. „Hula opowiada piękne historie".

"First, we begin with the 'kaholo.' It's a side-to-side step."

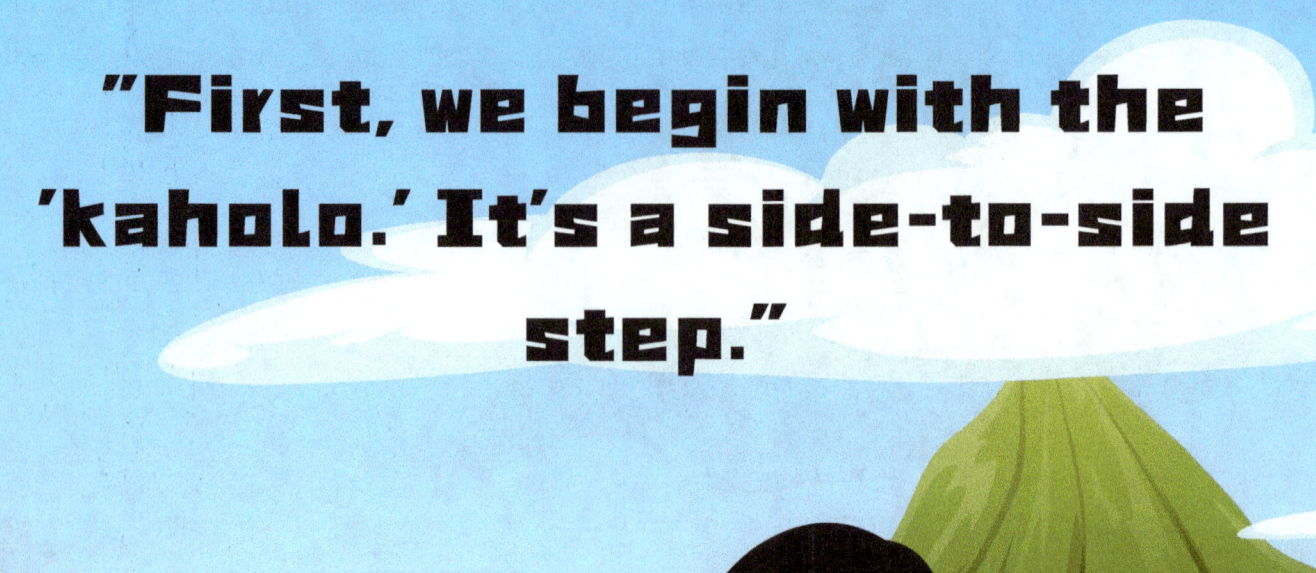

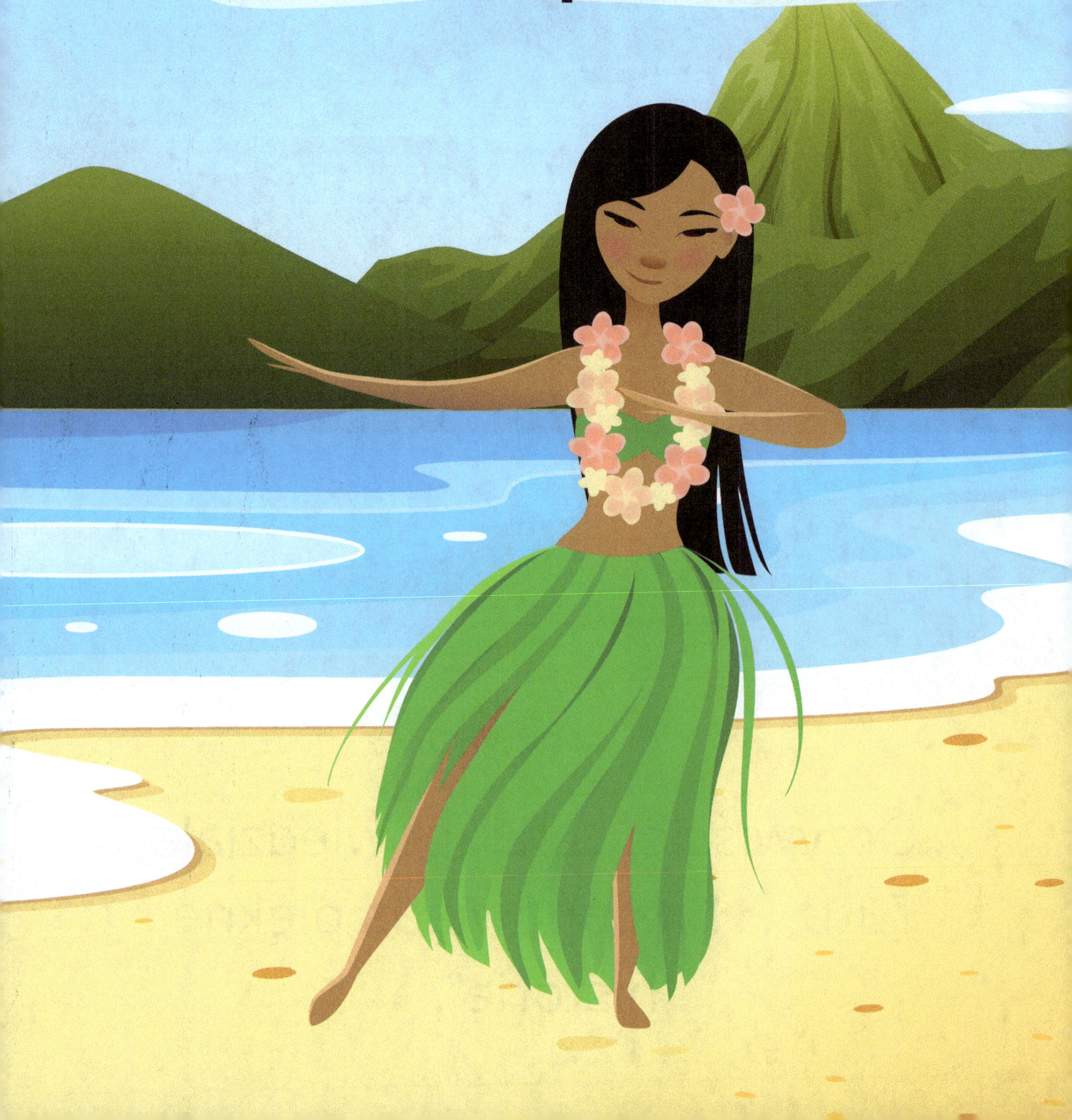

„Najpierw zaczynamy od „kaholo". To krok z boku na bok."

„Krok 'kaholo' symbolizuje płynące fale oceanu".

Lani practiced her 'kaholo' step, imagining the waves.

Lani ćwiczyła krok „kaholo", wyobrażając sobie fale.

"Next, we learn the 'ami,' a circular hip movement," said Tutu.

„Następnie uczymy się 'ami', czyli okrężnego ruchu bioder" – powiedziała Tutu.

„Ami" symbolizuje pagórkowate tereny Hawajów.

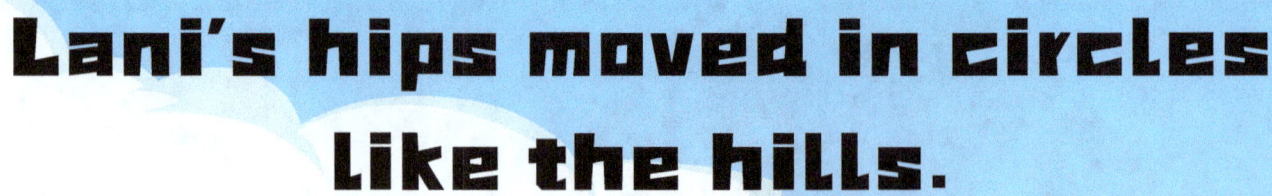

Lani's hips moved in circles like the hills.

Biodra Lani poruszały się w kółko niczym wzgórza.

"Now, the 'uwehe,' lifting one foot, then the other," Tutu instructed.

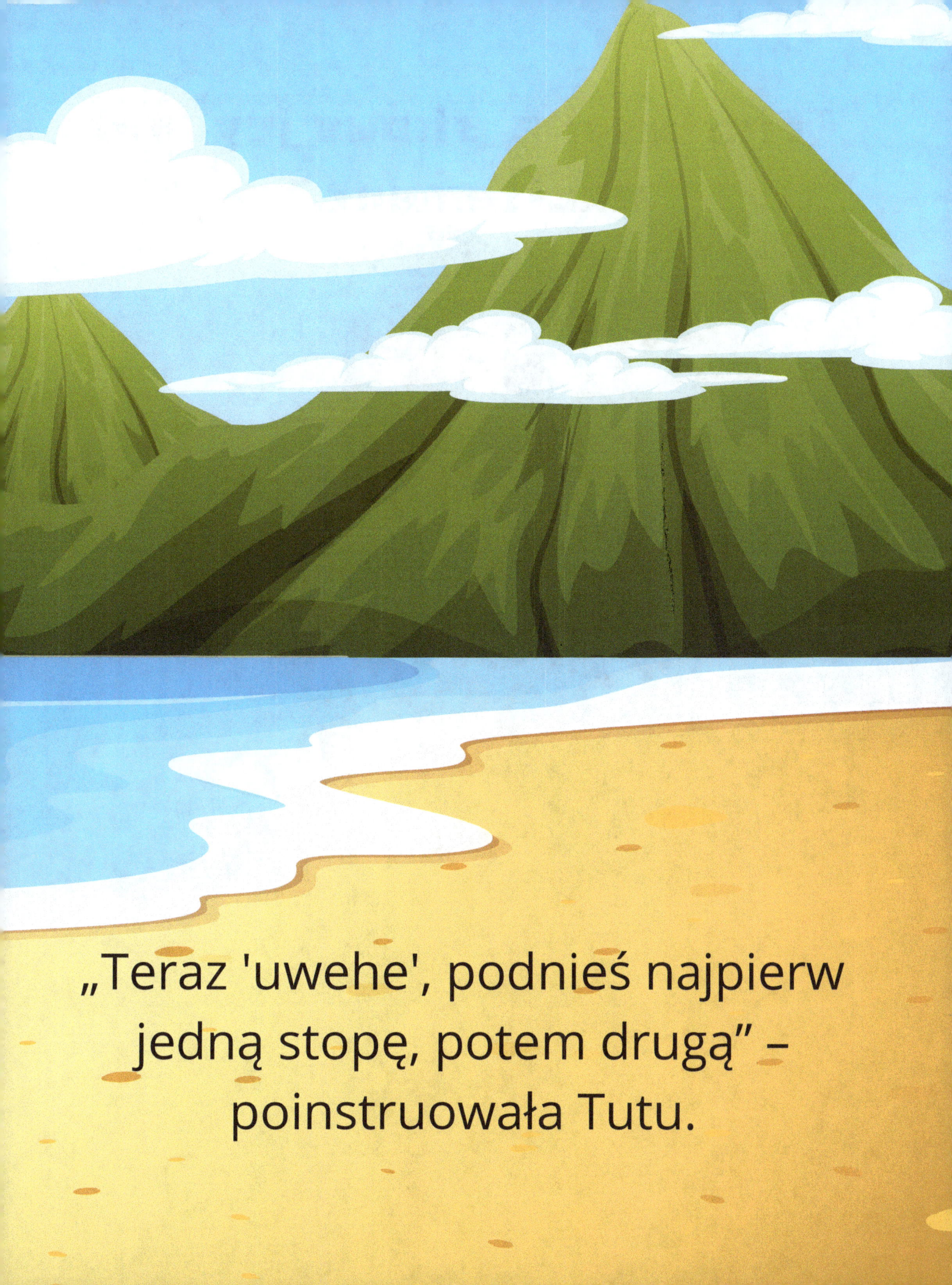

„Teraz 'uwehe', podnieś najpierw jedną stopę, potem drugą" – poinstruowała Tutu.

Stopy Lani tańczyły z radości, zupełnie jak 'uwehe'.

"Finally, the 'hela,' stepping forward and back," said Tutu.

„Na koniec „hela", robiąca krok do przodu i do tyłu" – powiedziała Tutu.

Lani ćwiczyła helę, czując równowagę i połączenie.

"Each movement has a special meaning," Tutu explained.

„Każdy ruch ma szczególne znaczenie" – wyjaśnił Tutu.

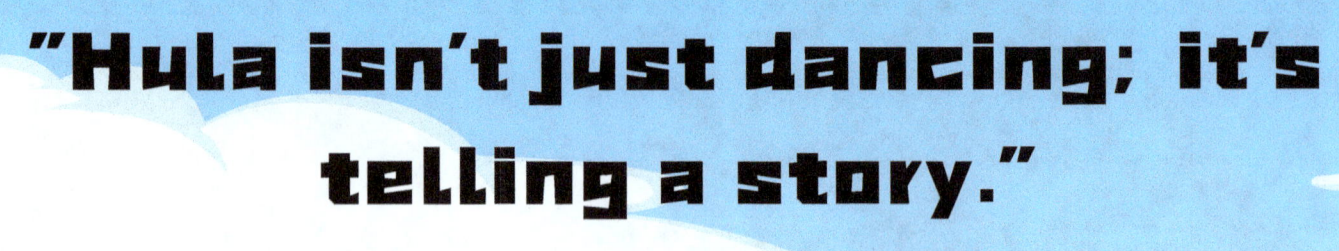

"Hula isn't just dancing; it's telling a story."

„Hula to nie tylko taniec; to opowiadanie historii".

Lani danced the 'kaholo,' 'ami,' 'uwehe,' and 'hela.'

She felt the waves, hills, joy, and balance.

Lani tańczyła „kaholo", „ami", „uwehe" i „hela".

Poczuła fale, wzgórza, radość i równowagę.

Lani learned that hula is more than just dance.

Lani dowiedziała się, że hula to coś więcej niż tylko taniec.

"Hula is a gift," Tutu said, handed down from one generation to the next,

„Hula to dar" – powiedział Tutu, przekazywany z pokolenia na pokolenie,

Serce Lani było pełne radości i radości podczas tańca hula.

Tańczyła hula każdego dnia w duchu Aloha, który można znaleźć tylko na Hawajach!

Hawaiian Words and Their Meanings

Tutu
Meaning: Grandmother
Explanation: In Hawaiian culture, "Tutu" is a term of endearment and respect for a grandmother. It signifies the wisdom and nurturing nature of elders.

Kaholo
Meaning: A basic hula step
Explanation: The "kaholo" is a fundamental hula movement involving a side-to-side step. It represents the flowing movement of the ocean waves, reflecting the natural beauty of Hawaii.

Ami
Meaning: Circular hip movement
Explanation: The "ami" involves moving the hips in a circular motion. This movement symbolizes the rolling hills and the continuity of nature in Hawaii.

Uwehe
Meaning: Lifting one foot, then the other
Explanation: The "uwehe" is a joyful hula movement where the dancer lifts each foot alternately. It expresses excitement and happiness, bringing a sense of liveliness to the dance.

Hawajskie słowa i ich znaczenie

Znaczenie słowa „tutu": Babcia. Wyjaśnienie: W kulturze hawajskiej „tutu" to określenie wyrażające czułość i szacunek dla babci. Symbolizuje mądrość i troskliwość osób starszych.

Znaczenie Kaholo: Podstawowy krok hula. Wyjaśnienie: „Kaholo" to podstawowy ruch hula, polegający na przechodzeniu z boku na bok. Reprezentuje on płynny ruch fal oceanicznych, odzwierciedlając naturalne piękno Hawajów.

Znaczenie: Okrężny ruch bioder. Wyjaśnienie: „Ami" polega na poruszaniu biodrami w ruchu okrężnym. Ten ruch symbolizuje pagórkowate tereny i ciągłość natury na Hawajach.

Uwehe Znaczenie: Unoszenie jednej stopy, a potem drugiej. Wyjaśnienie: „Uwehe" to radosny ruch hula, w którym tancerz naprzemiennie unosi każdą stopę. Wyraża to podekscytowanie i radość, nadając tańcowi poczucie ożywienia.

Hela
Meaning: Stepping forward and back
Explanation: The "hela" involves stepping forward and then back. It symbolizes balance and connection, important aspects of hula that show the dancer's harmony with the earth and surroundings.

Aloha
Meaning: Love, respect, hello, goodbye
Explanation: "Aloha" is a versatile and deeply meaningful word in Hawaiian. It encapsulates love, peace, compassion, and a spirit of kindness. It is used both as a greeting and a farewell, embodying the essence of Hawaiian hospitality and warmth.

Additional Context

Hula: Hula is a traditional Hawaiian dance that tells stories through graceful movements and gestures. Each movement in hula has a specific meaning, often related to nature, emotions, and Hawaiian mythology.
Hawaiian Culture: The culture is rich with traditions and values that emphasize respect for nature, community, and family. Learning and performing hula is one way to pass on these values and keep the culture alive.

Hela Znaczenie: Krok w przód i w tył. Wyjaśnienie: „Hela" oznacza krok w przód i w tył. Symbolizuje równowagę i połączenie – ważne aspekty tańca hula, które pokazują harmonię tancerza z ziemią i otoczeniem.

Znaczenie słowa „Aloha": Miłość, szacunek, cześć, do widzenia. Wyjaśnienie: „Aloha" to wszechstronne i głębokie słowo w języku hawajskim. Uosabia miłość, pokój, współczucie i ducha życzliwości. Jest używane zarówno jako powitanie, jak i pożegnanie, ucieleśniając istotę hawajskiej gościnności i ciepła. Dodatkowy kontekst

Hula: Hula to tradycyjny hawajski taniec, który opowiada historie poprzez pełne gracji ruchy i gesty. Każdy ruch w hula ma określone znaczenie, często związane z naturą, emocjami i hawajską mitologią.
Kultura hawajska: Kultura ta jest bogata w tradycje i wartości, które podkreślają szacunek dla natury, społeczności i rodziny. Nauka i taniec hula to jeden ze sposobów przekazywania tych wartości i podtrzymywania kultury.

Books By Schaaf

www.BookBySchaaf.com

Bilingual kids books

Paperback, eBooks and Audio

10 minute behind the scenes Podcast on Spotify

Activity guides exclusively in eBooks

Songs exclusively on Audio version

Some books have companion coloring books

www.ingramcontent.com/pod-product-compliance
Lightning Source LLC
Chambersburg PA
CBHW060539010526
44119CB00052B/757